Marcus Pfister

Mein kunterbuntes
Tier-ABC

© 2013 NordSüd Verlag AG, Heinrichstrasse 249, CH-8005 Zürich
Alle Rechte, auch die der Bearbeitung oder auszugsweisen
Vervielfältigung, gleich durch welche Medien, vorbehalten.
Lithografie: Photolitho AG, Schweiz
Gestaltung: NordSüd Verlag AG
Druck und Bindung: Offizin Andersen Nexö Leipzig GmbH, Zwenkau, Deutschland
978-3-314-10164-9
2. Auflage 2013

www.nord-sued.com
Bei Fragen, Wünschen oder Anregungen schreiben Sie an:
info@nord-sued.com

Mehr Informationen über Marcus Pfister finden Sie unter:
www.marcuspfister.ch

Marcus Pfister

Mein kunterbuntes Tier ABC

NordSüd

Er schlägt mit seinem Schwanz herum
und seine Zähne sind ganz krumm.

Der Alligator

Auf Honig ist er sehr erpicht,
auch wenn ihn dann die Biene sticht.

Der Bär

Cc

Es ist mal rot, mal grün, mal blau,
die Zunge, die trifft ganz genau.

Das Chamäleon

Die nächste Frage ist nicht schwer:
Wer lebt als Säugetier im Meer?

Der Delfin

Ee

Das schwerste Säugetier an Land
ist sicher jedem Kind bekannt.

Der Elefant

F f

Im Märchen kriegt er einen Kuss,
doch wenn der Storch ihn fängt, ist Schluss!

Der Frosch

Ihr Fell hat viele braune Flecken
und ihren Hals kann sie weit strecken.

Die Giraffe

Das Langohrtier ist flink und schnell
und hat ein braun gefärbtes Fell.

Der Hase

Wenn wir schon auf den Frühling warten,
liegt er im Winterschlaf im Garten.

Der Igel

Der Dschungel ist sein Jagdrevier:
Kennst du das elegante Tier?

Der Jaguar

Kk

Es trägt das Baby stets bei sich
und schaut zu ihm ganz fürsorglich.

Das Känguru

Wer frisst gern Fleisch, hat scharfe Zähne
und eine frisch gekämmte Mähne?

Der Löwe

Sie wohnt in einem Loch, ganz klein,
die Katze passt zum Glück nicht rein.

Die Maus

Nn

Es ist kein Fisch und kein Reptil
und trotzdem lebt es auch im Nil.

Das Nilpferd

Oo

Er turnt hoch oben in den Bäumen,
baut sich dort gern ein Nest zum Träumen.

Der Orang-Utan

Pp

Er watschelt fröhlich übers Eis
und trägt den Frack in Schwarz und Weiß.

Der Pinguin

Qq

Bunt schillert es, sein Federkleid,
sein Anblick gilt als Seltenheit.

Der Quetzal

Der Vogel hier ist blitzgescheit
und trägt ein seidigschwarzes Kleid.

Der Rabe

Ss

Er hält den Ball im Gleichgewicht
und frischen Fisch verschmäht er nicht.

Der Seelöwe

T t

Wer hat vier riesig große Tatzen
und ist die größte aller Katzen?

Der Tiger

Uu

Wer fliegt da durch die dunkle Nacht
und schläft erst, wenn der Tag erwacht?

Der Uhu

Sie wärmt sich gern im Sonnenschein
auf einem glatten, warmen Stein.

Die Viper

Ww

Weich und schön kuschlig sieht er aus,
Australien, dort ist er zuhaus.

Der Wombat

Es spielt famos das Do-Re-Mi
und lebt im Land der Fantasie.

Das Xylophontier

Yy

Ihm wird nicht kalt bei Frost und Wind,
ein dickes Fell schützt dieses Rind.

Der Yak

Das Tier mit Z kennt jedes Kind.
Wie heißt es noch? Sag es geschwind!

Das Zebra

Marcus Pfister wurde 1960 in Bern geboren. Nach der Kunstgewerbeschule in Bern und einer anschließenden Grafikerausbildung arbeitete er von 1981 bis 1983 in einer Werbeagentur. 1984 machte er sich selbständig und es entstanden die Bilder zu seinem ersten Bilderbuch »Die müde Eule«, das 1986 im NordSüd Verlag erschien.

Der große Durchbruch als Bilderbuchautor folgte 1992, als Marcus Pfister mit dem Buch »Der Regenbogenfisch« die Bestsellerlisten stürmte. Bis heute sind weltweit von allen Bänden und Ausgaben insgesamt mehr als 30 Millionen Exemplare in rund 50 Sprachen erschienen.
In seinem Atelier, mit herrlichem Blick über die Schweizer Hauptstadt, kreiert Marcus Pfister immer wieder neue Figuren und Geschichten.

Marcus Pfister ist die formale und inhaltliche Vielfalt in seinen Büchern wichtig. So passt er seine Arbeitstechnik der jeweiligen Geschichte an. Für dieses ABC-Buch hat er die so genannte Farbdrucktechnik angewandt. Dabei schneidet er die Formen aus Karton aus, bemalt sie und drückt sie auf das Papier. So entstehen die klaren, reduzierten Formen, bei denen der Zufall eine besondere Rolle spielt.

Von Marcus Pfister sind im gleichen Illustrationsstil erschienen:

Was macht die Farben bunt?
Lisas Mohnblume
Jack im Regenwald

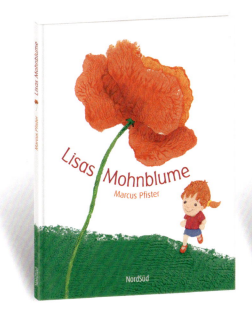

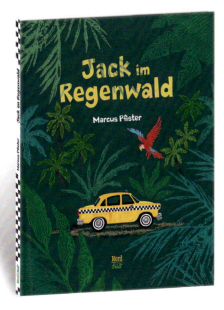